Kreuzweg am Kolosseum

Karfreitag 2013

I.N.R.I.

KREUZWEG
AM KOLOSSEUM

UNTER DEM VORSITZ DES HEILIGEN VATERS

KARFREITAG 2013

Herausgegeben vom Büro für liturgische Feiern mit dem Heiligen Vater

HERDER

FREIBURG · BASEL · WIEN

Eine Publikation in Verbindung mit der Zeitschrift

GEMEINSAM GLAUBEN
Mit dem Papst den Glauben leben und verstehen

www.gemeinsam-glauben.de

*Zum Zeitpunkt der Drucklegung dieses Heftes
war der Nachfolger Benedikts XVI. auf dem Stuhl des hl. Petrus
noch nicht bekannt.*

Betrachtungen und Gebete
von

BÉCHARA BOUTROS KARDINAL RAÏ, O.M.M.

Patriarch von Antiochia der Maroniten, Libanon

WIEDERKEHRENDE GEMEINSAME GEBETE

Gebetsruf zur Eröffnung

V. Adoramus te, Christe, et benedicimus tibi.
A. Quia per sanctam crucem tuam redemisti mundum.

V. Wir beten dich an, Herr Jesus Christus, und preisen dich.
A. Denn durch dein heiliges Kreuz hast du die Welt erlöst.

Das Gebet des Herrn

Pater noster, qui es in cælis:
sanctificetur nomen tuum;
adveniat regnum tuum;
fiat voluntas tua, sicut in cælo, et in terra.
Panem nostrum cotidianum da nobis hodie;
et dimitte nobis debita nostra,
sicut et nos dimittimus debitoribus nostris;
et ne nos inducas in tentationem;
sed libera nos a malo.

Vater unser im Himmel,
geheiligt werde dein Name.
Dein Reich komme.
Dein Wille geschehe,
wie im Himmel so auf Erden.
Unser tägliches Brot gib uns heute.
Und vergib uns unsere Schuld,
wie auch wir vergeben unsern Schuldigern.
Und führe uns nicht in Versuchung,
sondern erlöse uns von dem Bösen.

EINFÜHRUNG

„Ein Mann lief auf Jesus zu, fiel vor ihm auf die Knie und fragte ihn: ‚Guter Meister, was muss ich tun, um das ewige Leben zu gewinnen?'"[1]

Jesus hat auf diese Frage, die im Innersten unseres Herzens brennt, geantwortet, indem er den Weg des Kreuzes ging.

Wir betrachten dich, Herr, auf diesem Weg, den du als Erster gegangen bist und an dessen Ende „du dein Kreuz wie eine Brücke zum Tod ausgespannt hast, damit die Menschen vom Land des Todes zu dem des Lebens hinübergehen können".[2]

Der Ruf, dir nachzufolgen, ist an alle gerichtet, besonders an die Jugendlichen und an diejenigen, die von Spaltungen, Kriegen oder Ungerechtigkeiten heimgesucht sind und darum ringen, unter ihren Mitmenschen Zeichen der Hoffnung und Friedensstifter zu sein.

So erscheinen wir also voller Liebe vor dir, bringen dir unsere Leiden dar, wenden unsere Augen und unsere Herzen deinem heiligen Kreuz zu; und in der Kraft, die uns aus deiner Verheißung zufließt, beten wir zu dir: „Gepriesen sei unser Erlöser, der uns durch seinen Tod das Leben geschenkt hat. O Erlöser, verwirkliche in uns das Geheimnis deiner Erlösung durch deine Passion, deinen Tod und deine Auferstehung."[3]

---

1 *Mk 10,17*

2 *Ephräm der Syrer, Homilie*

3 *aus der maronitischen Liturgie*

VORBEREITUNGSGEBET

Möglicherweise spricht der Heilige Vater an dieser Stelle zur Eröffnung des Kreuzwegs – wie bei seinen Vorgängern üblich – ein Vorbereitungsgebet.

DER KREUZWEG UNSERES HERRN

I

ERSTE STATION
Jesus wird zum Tode verurteilt

V. Adoramus te, Christe, et benedicimus tibi.
A. Quia per sanctam crucem tuam redemisti mundum.

Aus dem heiligen Evangelium nach Markus. 15,12–13.15

Pilatus wandte sich von Neuem an sie und fragte: „Was soll ich dann mit dem tun, den ihr den König der Juden nennt?" Da schrien sie: „Kreuzige ihn!" Darauf ließ Pilatus, um die Menge zufriedenzustellen, Barabbas frei und gab den Befehl, Jesus zu geißeln und zu kreuzigen.

BETRACHTUNG UND GEBET
Vor Pilatus, dem Machthaber, hätte Jesus Gerechtigkeit erlangen müssen. Pilatus hatte tatsächlich die Macht, die Unschuld Jesu anzuerkennen und ihn freizulassen. Aber der römische Statthalter zog es vor, der Logik seiner persönlichen Interessen zu dienen, und beugte sich dem politischen und gesellschaftlichen Druck. Er verurteilte einen Unschuldigen, um der Menge zu gefallen, ohne der Wahrheit gerecht zu werden. Er lieferte Jesus dem Kreuzestod aus, obwohl er um seine Unschuld wusste … und dann wusch er sich die Hände.

In unserer heutigen Welt gibt es viele „Pilatus", die die Hebel der Macht in Händen halten und sie gebrauchen, um den Stärkeren zu dienen. Viele sind es, die – schwach und feige gegenüber diesen Machtbestrebungen – ihre Autorität in den Dienst des Unrechts stellen und die Würde des Menschen und sein Recht auf Leben mit Füßen treten.

Jesus, unser Herr, lass nicht zu, dass wir zur Zahl der Ungerechten gehören. Lass nicht zu, dass die Starken sich im Bösen, im Unrecht und in der

Gewaltherrschaft gefallen. Lass nicht zu, dass die Ungerechtigkeit Unschuldige in die Verzweiflung und in den Tod treibt! Stärke sie in der Hoffnung und erleuchte das Gewissen derer, die in dieser Welt über Autorität verfügen, damit sie in Gerechtigkeit regieren. Amen.

✠

Alle: Pater noster, qui es in cælis:
sanctificetur nomen tuum;
adveniat regnum tuum;
fiat voluntas tua, sicut in cælo, et in terra.
Panem nostrum cotidianum da nobis hodie;
et dimitte nobis debita nostra,
sicut et nos dimittimus debitoribus nostris;
et ne nos inducas in tentationem;
sed libera nos a malo.

Stabat Mater dolorosa
iuxta crucem lacrimosa,
dum pendebat Filius.

Christi Mutter stand mit Schmerzen
bei dem Kreuz und weint' von Herzen,
als ihr lieber Sohn da hing.

II

ZWEITE STATION
Jesus nimmt das Kreuz auf sich

V. Adoramus te, Christe, et benedicimus tibi.
A. Quia per sanctam crucem tuam redemisti mundum.

Aus dem heiligen Evangelium nach Markus. 15,20

Nachdem sie so ihren Spott mit ihm getrieben hatten, nahmen sie ihm den Purpurmantel ab und zogen ihm seine eigenen Kleider wieder an. Dann führten sie Jesus hinaus, um ihn zu kreuzigen.

BETRACHTUNG UND GEBET

Jesus Christus steht vor Soldaten, die glauben, alle Macht über ihn zu haben, während er derjenige ist, durch den „alles geworden" ist und „ohne den nichts wurde, was geworden ist".[4]

Zu allen Zeiten hat der Mensch gemeint, sich an Gottes Stelle setzen und selbst bestimmen zu können, was gut und was böse ist,[5] ohne Bezug auf seinen Schöpfer und Erlöser. Er hielt sich für allmächtig und fähig, im Namen der Vernunft, der Macht und des Geldes Gott aus seinem Leben und aus dem der anderen auszuschließen.

Auch heute beugt sich die Welt Kräften, die versuchen, Gott aus dem Leben des Menschen auszuschließen – wie der blinde Laizismus, der im Namen einer vermeintlichen Verteidigung des Menschen die Werte des Glaubens und der Moral erstickt; oder der gewaltsame Fundamentalismus, der die Verteidigung religiöser Werte als Vorwand benutzt.[6]

---

4 *vgl. Joh 1,3*
5 *vgl. Gen 3,5*
6 *vgl. Nachsynodales Apostolisches Schreiben Ecclesia in Medio Oriente, 29*

Jesus, unser Herr, der du die Demütigung angenommen und dich mit den Schwachen identifiziert hast, dir vertrauen wir alle gedemütigten und leidenden Menschen und Völker an, besonders die des gequälten Orients. Gib, dass sie in dir die Kraft haben, mit dir ihr Kreuz der Hoffnung zu tragen. In deine Hände legen wir alle, die sich verirrt haben, damit sie durch dich die Wahrheit und die Liebe finden. Amen.

✠

Alle: Pater noster, qui es in cælis:
sanctificetur nomen tuum;
adveniat regnum tuum;
fiat voluntas tua, sicut in cælo, et in terra.
Panem nostrum cotidianum da nobis hodie;
et dimitte nobis debita nostra,
sicut et nos dimittimus debitoribus nostris;
et ne nos inducas in tentationem;
sed libera nos a malo.

Cuius animam gementem,
contristatam et dolentem
pertransivit gladius.

Durch die Seele voller Trauer,
seufzend unter Todesschauer,
jetzt das Schwert des Leidens ging.

III

DRITTE STATION
Jesus fällt zum ersten Mal unter dem Kreuz

V. Adoramus te, Christe, et benedicimus tibi.
A. Quia per sanctam crucem tuam redemisti mundum.

Aus dem Buch des Propheten Jesaja. 53,5

Er wurde durchbohrt wegen unserer Verbrechen, wegen unserer Sünden zermalmt. Zu unserem Heil lag die Strafe auf ihm, durch seine Wunden sind wir geheilt.

BETRACHTUNG UND GEBET

Der die Leuchten des Himmels in seiner göttlichen Hand hält und vor dem die Mächte des Himmels erzittern – er fällt zu Boden, ungesichert unter dem schweren Joch des Kreuzes.

Der der Welt den Frieden gebracht hat, stürzt, verletzt von unseren Sünden, unter der Bürde unserer Schuld.

„Ihr Gläubigen, schaut auf unseren Heiland, der auf dem Weg zum Kalvarienberg voranschreitet. Niedergedrückt ist er von bitteren Leiden, es verlassen ihn die Kräfte. Gehen wir, dieses unglaubliche Ereignis zu sehen, das unser Verstehen übersteigt und schwer zu beschreiben ist. Die Grundfesten der Erde wurden erschüttert, und eine unheimliche Angst befiel die Anwesenden, als ihr Schöpfer und Gott unter der Last des Kreuzes erdrückt wurde und sich aus Liebe zur gesamten Menschheit zum Tod führen ließ.“[7]

---

7 *aus der chaldäischen Liturgie*

Jesus, unser Herr, hebe uns auf aus unserem wiederholten Fallen, führe unseren verirrten Geist zu deiner Wahrheit zurück. Lass nicht zu, dass der menschliche Verstand, den du auf dich hin geschaffen hast, sich mit Teilwahrheiten aus Wissenschaft und Technologie zufriedengibt, ohne zu versuchen, die Grundfragen nach dem Sinn und dem Sein zu stellen.[8]

Gib, o Herr, dass wir uns dem Wirken deines Heiligen Geistes öffnen, damit er uns zur Fülle der Wahrheit führt. Amen.

✠

Alle: Pater noster, qui es in cælis:
sanctificetur nomen tuum;
adveniat regnum tuum;
fiat voluntas tua, sicut in cælo, et in terra.
Panem nostrum cotidianum da nobis hodie;
et dimitte nobis debita nostra,
sicut et nos dimittimus debitoribus nostris;
et ne nos inducas in tentationem;
sed libera nos a malo.

O quam tristis et afflicta
fuit illa benedicta
Mater Unigeniti.

Welch ein Weh der Auserkor'nen,
da sie sah den Eingebor'nen,
wie er mit dem Tode rang!

8 *vgl. Apostolisches Schreiben Porta fidei, 12*

IV

VIERTE STATION
Jesus begegnet seiner Mutter

V. Adoramus te, Christe, et benedicimus tibi.
A. Quia per sanctam crucem tuam redemisti mundum.

Aus dem heiligen Evangelium nach Lukas. 2,34–35.51b

Simeon segnete sie und sagte zu Maria, der Mutter Jesu: „Dieser ist dazu bestimmt, dass in Israel viele durch ihn zu Fall kommen und viele aufgerichtet werden, und er wird ein Zeichen sein, dem widersprochen wird. Dadurch sollen die Gedanken vieler Menschen offenbar werden. Dir selbst aber wird ein Schwert durch die Seele dringen." Seine Mutter bewahrte alles, was geschehen war, in ihrem Herzen.

BETRACHTUNG UND GEBET
Verletzt und leidend, das Kreuz der Menschheit tragend, begegnet Jesus seiner Mutter und – in ihrem Antlitz – der ganzen Menschheit.

Maria, die Mutter Gottes, war die erste Jüngerin des Meisters. Als sie das Wort des Engels aufnahm, begegnete sie zum ersten Mal dem fleischgewordenen Wort und wurde Tempel des lebendigen Gottes. Sie ist ihm begegnet, ohne zu begreifen, wieso der Schöpfer des Himmels und der Erde ein Mädchen, ein schwaches Geschöpf hatte erwählen wollen, um sich in dieser Welt zu inkarnieren. Sie ist ihm begegnet in einer ständigen Suche nach seinem Angesicht, im Schweigen des Herzens und in der Meditation des Wortes Gottes. Sie glaubte, dass sie es sei, die ihn suchte, doch in Wirklichkeit suchte er sie. Jetzt, da er das Kreuz trägt, begegnet er ihr.

Jesus leidet, indem er seine Mutter leiden sieht, und Maria leidet beim Anblick ihres leidenden Sohnes. Doch aus diesem gemeinsamen Leiden geht eine neue Menschheit hervor. „Friede sei mit dir! Wir flehen dich an, du ruhmvolle Heilige, immerwährende Jungfrau, Mutter Gottes, Mutter Christi. Lass unser Gebet aufsteigen vor das Angesicht deines geliebten Sohnes, damit er unsere Sünden vergebe.“[9]

Jesus, unser Herr, in unseren Familien erleben auch wir die Leiden, die Eltern den Kindern und Kinder den Eltern zufügen. Herr, gib, dass in diesen schwierigen Zeiten unsere Familien Orte deiner Gegenwart seien, damit unsere Leiden sich in Freude verwandeln. Sei du der Halt unserer Familien und mache sie zu Oasen der Liebe, des Friedens und der Gelassenheit, nach dem Bild der Heiligen Familie von Nazaret. Amen.

✠

Alle: Pater noster, qui es in cælis:
sanctificetur nomen tuum;
adveniat regnum tuum;
fiat voluntas tua, sicut in cælo, et in terra.
Panem nostrum cotidianum da nobis hodie;
et dimitte nobis debita nostra,
sicut et nos dimittimus debitoribus nostris;
et ne nos inducas in tentationem;
sed libera nos a malo.

Quæ mærebat et dolebat	*Angst und Trauer, Qual und Bangen,*
pia Mater, cum videbat	*alles Leid hielt sie umfangen,*
Nati pœnas incliti.	*das nur je ein Herz durchdrang.*

9 *Theotokion aus dem koptischen Stundenbuch, Al-Aghbia 37*

V

FÜNFTE STATION
Simon von Zyrene hilft Jesus das Kreuz tragen

V. Adoramus te, Christe, et benedicimus tibi.
A. Quia per sanctam crucem tuam redemisti mundum.

Aus dem heiligen Evangelium nach Lukas. 23,26

Als sie Jesus hinausführten, ergriffen sie einen Mann aus Zyrene namens Simon, der gerade vom Feld kam. Ihm luden sie das Kreuz auf, damit er es hinter Jesus hertrage.

BETRACHTUNG UND GEBET

Die Begegnung zwischen Jesus und Simon von Zyrene ist eine Begegnung im Schweigen, eine Lektion für das Leben: Gott will nicht das Leiden und akzeptiert nicht das Böse. Und der Mensch empfindet ebenso. Doch das im Glauben angenommene Leiden verwandelt sich in einen Weg des Heils. Dann erdulden wir es wie Jesus und helfen wie Simon von Zyrene, es zu tragen.

Jesus, unser Herr, du hast den Menschen in das Tragen deines Kreuzes mit einbezogen. Du hast uns eingeladen, dein Leiden zu teilen. Simon von Zyrene ist wie wir, und er lehrt uns, das Kreuz anzunehmen, das uns auf den Wegen des Lebens begegnet.

Nach deinem Beispiel, Herr, tragen auch wir heute das Kreuz des Leidens und der Krankheit, aber wir akzeptieren es, weil du bei uns bist. Es kann uns an den Rollstuhl fesseln, aber nicht daran hindern, zu träumen; es kann den Blick verdunkeln, aber nicht das Gewissen treffen; es kann die Ohren taub machen, aber nicht das innere Zuhören vereiteln; es kann die Zunge lähmen, aber nicht den Durst nach Wahrheit unterdrücken; es kann die Seele belasten, sie aber nicht ihrer Freiheit berauben.

Herr, wir wollen deine Jünger sein, um alle Tage dein Kreuz zu tragen; wir werden es mit Freude und mit Hoffnung tragen, denn du trägst es mit uns, denn du hast für uns über den Tod gesiegt.

Wir sagen dir Dank, Herr, für jeden kranken oder leidenden Menschen, der es versteht, Zeuge deiner Liebe zu sein, und für jeden „Simon von Zyrene“, den du an unseren Weg stellst. Amen.

✠

Alle: Pater noster, qui es in cælis:
sanctificetur nomen tuum;
adveniat regnum tuum;
fiat voluntas tua, sicut in cælo, et in terra.
Panem nostrum cotidianum da nobis hodie;
et dimitte nobis debita nostra,
sicut et nos dimittimus debitoribus nostris;
et ne nos inducas in tentationem;
sed libera nos a malo.

Quis est homo qui non fleret,
Matrem Christi si videret
in tanto supplicio?

Wer könnt' ohne Tränen sehen
Christi Mutter also stehen
in so tiefen Jammers Not?

VI

SECHSTE STATION
Veronika reicht Jesus das Schweißtuch

V. Adoramus te, Christe, et benedicimus tibi.
A. Quia per sanctam crucem tuam redemisti mundum.

Aus Psalm 27. Verse 8–9

Mein Herz denkt an dein Wort: „Sucht mein Angesicht!" Dein Angesicht, Herr, will ich suchen. Verbirg nicht dein Gesicht vor mir; weise deinen Knecht im Zorn nicht ab! Du wurdest meine Hilfe. Verstoß mich nicht, verlass mich nicht, du Gott meines Heiles!

BETRACHTUNG UND GEBET

Veronika hat dich in der Menschenmenge gesucht. Sie hat dich gesucht, und schließlich hat sie dich gefunden. Als dein Schmerz seinen Höhepunkt erreichte, wollte sie ihn lindern, indem sie dein Antlitz mit einem Tuch abwischte. Eine kleine Geste, doch sie drückte all ihre Liebe zu dir und all ihren Glauben an dich aus; sie hat sich tief in das Gedächtnis unserer christlichen Überlieferung eingeprägt.

Jesus, unser Herr, dein Angesicht suchen wir. Veronika erinnert uns daran, dass du in jedem Menschen zugegen bist, der leidet und auf seinem Weg nach Golgota voranschreitet. Herr, gib, dass wir dich in den Armen, deinen geringen Brüdern, finden, um die Tränen der Weinenden zu trocknen, uns der Leidenden anzunehmen und die Schwachen zu stützen.

Herr, du lehrst uns, dass ein verletzter und vergessener Mensch weder seinen Wert noch seine Würde verliert und dass er ein Zeichen deiner verborgenen Gegenwart in der Welt bleibt. Hilf uns, die Spuren der Armut und der Ungerechtigkeit von seinem Angesicht abzuwischen, damit dein Bild in ihm offenbar wird und leuchtet.

Wir beten für alle, die dein Angesicht suchen und es in dem der Obdachlosen, der Armen und jener Kinder finden, die der Gewalt und der Ausbeutung ausgesetzt sind. Amen.

✠

Alle: Pater noster, qui es in cælis:
sanctificetur nomen tuum;
adveniat regnum tuum;
fiat voluntas tua, sicut in cælo, et in terra.
Panem nostrum cotidianum da nobis hodie;
et dimitte nobis debita nostra,
sicut et nos dimittimus debitoribus nostris;
et ne nos inducas in tentationem;
sed libera nos a malo.

Qui non posset contristari,
piam Matrem contemplari
dolentem cum Filio?

Wer nicht mit der Mutter weinen,
seinen Schmerz mit ihrem einen,
leidend bei des Sohnes Tod?

VII

SIEBTE STATION
Jesus fällt zum zweiten Mal unter dem Kreuz

V. Adoramus te, Christe, et benedicimus tibi.
A. Quia per sanctam crucem tuam redemisti mundum.

Aus Psalm 22. Verse 8 und 12

Alle, die mich sehen, verlachen mich, verziehen die Lippen, schütteln den Kopf. Sei mir nicht fern, denn die Not ist nahe und niemand ist da, der hilft.

BETRACHTUNG UND GEBET
Jesus ist allein unter der inneren und äußeren Last des Kreuzes. Das ist der Zusammenbruch, wenn die Last des Bösen zu groß wird und es scheint, als gebe es für Unrecht und Gewalt keine Grenze mehr.

Doch noch einmal steht er wieder auf in der Kraft des unendlichen Vertrauens in seinen Vater. Angesichts der Menschen, die ihn seinem Schicksal überlassen, ist es die Kraft des Heiligen Geistes, die ihn aufhebt, ihn ganz mit dem Willen des Vaters vereint – dem Willen der Liebe, die alles vermag.

Jesus, unser Herr, in deinem zweiten Fallen erkennen wir viele eigene Situationen, die ausweglos erscheinen – darunter die, welche auf Vorurteilen und Hass beruhen, jenen Haltungen, die unsere Herzen verhärten und zu religiösen Konflikten führen.

Erleuchte unser Bewusstsein, damit wir „ungeachtet der menschlichen und religiösen Divergenzen" erkennen, dass „ein Strahl der Wahrheit alle Menschen erleuchtet", die berufen sind, in der Achtung der Religionsfreiheit gemeinsam auf die Wahrheit zuzugehen, die allein in Gott liegt. So können die verschiedenen Religionen „sich gemeinsam in den Dienst des Gemeinwohls stellen und zur Entfaltung jedes Menschen sowie zum Aufbau der Gesellschaft beitragen".[10]

Komm, Heiliger Geist, um die Christen – besonders die des Nahen Ostens – zu trösten und zu stärken, damit sie, vereint mit Christus, auf einer durch Unrecht und Konflikte zerrissenen Erde die Zeugen seiner universalen Liebe seien. Amen.

✠

Alle: Pater noster, qui es in cælis:
sanctificetur nomen tuum;
adveniat regnum tuum;
fiat voluntas tua, sicut in cælo, et in terra.
Panem nostrum cotidianum da nobis hodie;
et dimitte nobis debita nostra,
sicut et nos dimittimus debitoribus nostris;
et ne nos inducas in tentationem;
sed libera nos a malo.

Pro peccatis suæ gentis	*Ach, für seiner Brüder Schulden*
vidit Iesum in tormentis	*sah sie Jesus Marter dulden,*
et flagellis subditum.	*Geißeln, Dornen, Spott und Hohn.*

10 *Nachsynodales Apostolisches Schreiben Ecclesia in Medio Oriente, 27–28*

VIII

ACHTE STATION
Jesus begegnet den weinenden Frauen von Jerusalem

V. Adoramus te, Christe, et benedicimus tibi.
A. Quia per sanctam crucem tuam redemisti mundum.

Aus dem heiligen Evangelium nach Lukas. 23,27–28

Es folgte eine große Menschenmenge, darunter auch Frauen, die um ihn klagten und weinten. Jesus wandte sich zu ihnen um und sagte: „Ihr Frauen von Jerusalem, weint nicht über mich; weint über euch und eure Kinder!“

BETRACHTUNG UND GEBET

Auf dem Weg zum Kalvarienberg begegnet der Herr den Frauen von Jerusalem. Diese Frauen beweinen das Leiden des Herrn, als handele es sich um ein Leiden ohne Hoffnung. Sie sehen im Kreuz nur das Holz als Zeichen der Verfluchung,[11] während der Herr wollte, dass es ein Mittel zur Erlösung und zum Heil sei.

In der Passion und in der Kreuzigung gab Jesus sein Leben hin als Lösegeld für viele. So schaffte er denen Erleichterung, die unterjocht waren, und tröstete die Betrübten. Er trocknete die Tränen der Frauen von Jerusalem und öffnete ihnen die Augen für die österliche Wahrheit.

Unsere Welt ist voll von betrübten Müttern, von Frauen, die in ihrer Würde verletzt sind, denen durch Diskriminierung, Ungerechtigkeiten und Leiden Gewalt angetan wird.[12] O leidender Christus, sei du ihr Friede und der Balsam für ihre Wunden.

---

11 vgl. Dtn 21,23
12 vgl. Nachsynodales Apostolisches Schreiben Ecclesia in Medio Oriente, 60

Jesus, unser Herr, mit deiner Menschwerdung aus Maria, der „Begnadeten“ unter den Frauen,[13] hast du die Würde jeder Frau erhöht. Mit der Inkarnation hast du das Menschengeschlecht geeint.[14]

Herr, die Begegnung mit dir sei unser Herzensanliegen. Möge unser Weg voller Leiden immer ein Weg der Hoffnung sein, mit dir und auf dich zu, der du die Zuflucht unseres Lebens bist und unser Heil. Amen.

✠

Alle: Pater noster, qui es in cælis:
sanctificetur nomen tuum;
adveniat regnum tuum;
fiat voluntas tua, sicut in cælo, et in terra.
Panem nostrum cotidianum da nobis hodie;
et dimitte nobis debita nostra,
sicut et nos dimittimus debitoribus nostris;
et ne nos inducas in tentationem;
sed libera nos a malo.

Eja, Mater, fons amoris,
me sentire vim doloris
fac, ut tecum lugeam.

Gib, o Mutter, Born der Liebe,
dass ich mich mit dir betrübe,
dass ich fühl die Schmerzen dein.

13 *vgl. Lk 1,28*
14 *vgl. Gal 3,26–28*

IX

NEUNTE STATION
Jesus fällt zum dritten Mal unter dem Kreuz

V. Adoramus te, Christe, et benedicimus tibi.
A. Quia per sanctam crucem tuam redemisti mundum.

Aus dem zweiten Brief des Apostels Paulus an die Korinther. 5,14–15

Die Liebe Christi drängt uns, da wir erkannt haben: Einer ist für alle gestorben, also sind alle gestorben. Er ist aber für alle gestorben, damit die Lebenden nicht mehr für sich leben, sondern für den, der für sie starb und auferweckt wurde.

BETRACHTUNG UND GEBET

Zum dritten Mal fällt Jesus unter dem Kreuz, beladen mit unseren Sünden, und zum dritten Mal versucht er aufzustehen, indem er die Kräfte sammelt, die ihm geblieben sind, um den Weg nach Golgota fortzusetzen; er weigert sich, sich erdrücken zu lassen und der Versuchung zu erliegen.

Von seiner Inkarnation an trägt Jesus das Kreuz des menschlichen Leidens und der Sünde. Er hat die Menschennatur vollkommen und auf ewig angenommen und zeigt so den Menschen, dass der Sieg möglich und der Weg zur Gotteskindschaft offen ist.

Jesus, unser Herr, die Kirche, die aus deiner geöffneten Seite hervorgegangen ist, ist niedergedrückt unter dem Kreuz der Spaltungen, welche die Christen voneinander und von der Einheit entfernen, die du für sie gewollt hast. Sie weichen ab von deinem Wunsch, dass „alle eins sein" sollen,[15] so wie der Vater mit dir eins ist. Dieses Kreuz lastet mit seinem

---

15 *Joh 17,21*

ganzen Gewicht auf ihrem Leben und auf ihrem gemeinsamen Zeugnis. Gewähre uns, Herr, die Weisheit und die Demut, um uns zu erheben und auf dem Weg zur Einheit voranzugehen in Wahrheit und Liebe und angesichts der Spaltungen, auf die wir stoßen, nicht der Versuchung zu erliegen, einzig den Kriterien der persönlichen oder der Gruppeninteressen zu folgen.[16]

Gib, dass wir die Mentalität der Spaltung ablegen, „damit das Kreuz Christi nicht um seine Kraft gebracht wird".[17] Amen.

✠

Alle: Pater noster, qui es in cælis:
sanctificetur nomen tuum;
adveniat regnum tuum;
fiat voluntas tua, sicut in cælo, et in terra.
Panem nostrum cotidianum da nobis hodie;
et dimitte nobis debita nostra,
sicut et nos dimittimus debitoribus nostris;
et ne nos inducas in tentationem;
sed libera nos a malo.

Fac ut ardeat cor meum
in amando Christum Deum,
ut sibi complaceam.

Dass mein Herz von Lieb entbrenne,
dass ich nur noch Jesus kenne,
dass ich liebe Gott allein.

16 *vgl. Nachsynodales Apostolisches Schreiben Ecclesia in Medio Oriente, 11*
17 *1 Kor 1,17*

X

ZEHNTE STATION
Jesus wird seiner Kleider beraubt

V. Adoramus te, Christe, et benedicimus tibi.
A. Quia per sanctam crucem tuam redemisti mundum.

Aus Psalm 22. Vers 19

Sie verteilen unter sich meine Kleider und werfen das Los um mein Gewand.

BETRACHTUNG UND GEBET

In der Fülle der Zeiten hast du, Herr Jesus, dich mit unserem Menschsein bekleidet, du, der mit dem „Saum seines Gewandes den Tempel ausfüllte“.[18] Nun bewegst du dich mitten unter uns, und alle, die den Saum deiner Kleider berühren, werden geheilt. Doch sogar dieses Kleides bist du beraubt worden, Herr! Wir haben dir das Hemd weggenommen, und du hast uns auch den Mantel gelassen.[19] Du hast erlaubt, dass der Vorhang deines Fleisches zerreiße, damit wir wieder Zugang zum Vater erhielten.[20]

Wir meinten, uns selbst verwirklichen zu können, unabhängig von dir[21] – und fanden uns nackt. Aber in deiner unendlichen Liebe hast du uns mit der Würde der Söhne und Töchter Gottes und mit deiner heiligmachenden Gnade bekleidet.

---

18 *Jes 6,1*
19 *vgl. Mt 5,40*
20 *vgl. Hebr 10,19–20*
21 *vgl. Gen 3,4–7*

Schenke, Herr, den Söhnen und Töchtern der Ostkirchen – „beraubt" aufgrund mannigfacher Notlagen, manchmal sogar durch Verfolgung, und geschwächt durch Abwanderung – den Mut, in ihren Ländern auszuharren, um die Frohe Botschaft zu verkünden.

O Jesus, du Menschensohn, der du dich entblößt hast, um uns die neue, vom Tod erstandene Schöpfung zu offenbaren, zerreiße in uns den Vorhang, der uns von Gott trennt, und webe in uns deine göttliche Gegenwart.

Gib, dass wir die Angst vor den Ereignissen des Lebens, die uns berauben und entblößen, überwinden und den neuen Menschen unserer Taufe anziehen, um die Frohe Botschaft zu verkünden und zu bekennen, dass du der einzig wahre Gott bist, der die Geschichte lenkt. Amen.

✠

Alle: Pater noster, qui es in cælis:
sanctificetur nomen tuum;
adveniat regnum tuum;
fiat voluntas tua, sicut in cælo, et in terra.
Panem nostrum cotidianum da nobis hodie;
et dimitte nobis debita nostra,
sicut et nos dimittimus debitoribus nostris;
et ne nos inducas in tentationem;
sed libera nos a malo.

Sancta Mater, istud agas, *Crucifixi fige plagas* *cordi meo valide.*	*Heil'ge Mutter, drück die Wunden,* *die dein Sohn am Kreuz empfunden,* *tief in meine Seele ein.*

XI

ELFTE STATION
Jesus wird ans Kreuz genagelt

V. Adoramus te, Christe, et benedicimus tibi.
A. Quia per sanctam crucem tuam redemisti mundum.

Aus dem heiligen Evangelium nach Johannes. 19,16a.19

Da lieferte er ihnen Jesus aus, damit er gekreuzigt würde. Pilatus ließ auch ein Schild anfertigen und oben am Kreuz befestigen; die Inschrift lautete: „Jesus von Nazaret, der König der Juden".

BETRACHTUNG UND GEBET

Da ist er, der ersehnte Messias, ans Holz des Kreuzes gehängt, zwischen zwei Räubern. Die beiden Hände, die die Menschheit gesegnet haben, sind durchbohrt. Die beiden Füße, die zur Verkündigung der Frohen Botschaft unseren Boden betreten haben, hängen zwischen Erde und Himmel. Die liebevollen Augen, die mit einem Blick die Kranken geheilt und unsere Sünden vergeben haben, sind nur noch auf den Himmel gerichtet.

Jesus, unser Herr, für unsere Frevel bist du gekreuzigt worden. Du betest zu Gott, dem Vater, und trittst für die Menschheit ein. Jeder Hammerschlag tönt wie ein Schlag deines geopferten Herzens.

Wie willkommen sind die Schritte des Freudenboten, der Rettung verheißt[22] – seine Füße haben ihn auf den Kalvarienberg getragen. Deine Liebe, Jesus, hat das All erfüllt. Deine durchbohrten Hände sind unsere Zuflucht in der Angst. Sie nehmen uns jedes Mal auf, wenn der Ab-

22 *vgl. Jes 52,7*

grund der Sünde uns bedroht, und in deinen Wunden finden wir Heilung und Vergebung.

O Jesus, wir bitten dich für alle Jugendlichen, die von Verzweiflung niedergedrückt sind, für die Jugendlichen, die Opfer von Drogen, von Sekten und von Perversionen sind.

Befreie sie aus ihrer Versklavung. Dass sie die Augen erheben und die Liebe annehmen. Dass sie die Glückseligkeit in dir entdecken. Du, unser Heiland, rette sie! Amen.

✠

Alle: Pater noster, qui es in cælis:
sanctificetur nomen tuum;
adveniat regnum tuum;
fiat voluntas tua, sicut in cælo, et in terra.
Panem nostrum cotidianum da nobis hodie;
et dimitte nobis debita nostra,
sicut et nos dimittimus debitoribus nostris;
et ne nos inducas in tentationem;
sed libera nos a malo.

Tui Nati vulnerati,
tam dignati pro me pati
pœnas mecum divide.

Ach, das Blut, das er vergossen,
ist für mich dahingeflossen;
lass mich teilen seine Pein.

XII

ZWÖLFTE STATION
Jesus stirbt am Kreuz

V. Adoramus te, Christe, et benedicimus tibi.
A. Quia per sanctam crucem tuam redemisti mundum.

Aus dem heiligen Evangelium nach Lukas. 27,46

Jesus rief laut: „Vater, in deine Hände lege ich meinen Geist." Nach diesen Worten hauchte er den Geist aus.

BETRACHTUNG UND GEBET

Oben vom Kreuz her ein Schrei: ein Schrei der Selbstübergabe im Moment des Todes, ein Schrei des Vertrauens im Leiden, ein Schrei der Geburt eines neuen Lebens. Da hängst du am Baum des Lebens, legst deinen Geist in die Hände des Vaters, lässt das Leben in Fülle sprudeln und formst die neue Schöpfung. Auch wir stehen heute den Herausforderungen dieser Welt gegenüber: Wir spüren, dass die Wellen der Besorgnisse uns überfluten und unser Vertrauen wanken lassen. Gib uns die Kraft, Herr, tief innerlich zu wissen, dass kein Tod uns besiegen wird, solange wir in den Händen ruhen, die uns geformt haben und uns begleiten.

Möge jeder von uns ausrufen können:
„Gestern war ich gekreuzigt mit Christus,
heute bin ich mit ihm verherrlicht.
Gestern war ich tot mit ihm,
heute lebe ich mit ihm.
Gestern war ich mit ihm begraben,
heute bin ich mit ihm auferstanden."[23]

---

23 Gregor von Nazianz

In der Finsternis unserer Nächte betrachten wir dich. Lehre uns, uns an den Höchsten zu wenden, deinen himmlischen Vater.

Heute beten wir, dass alle, die für die Abtreibung eintreten, sich bewusst werden, dass die Liebe nur Quelle des Lebens sein kann. Wir denken auch an die Verteidiger der Euthanasie und an diejenigen, die Techniken und Verfahrensweisen vorantreiben, die das menschliche Leben in Gefahr bringen. Öffne ihre Herzen, damit sie dich in der Wahrheit erkennen, damit sie sich beim Aufbau der Kultur des Lebens und der Liebe engagieren. Amen.

✠

Alle: Pater noster, qui es in cælis:
sanctificetur nomen tuum;
adveniat regnum tuum;
fiat voluntas tua, sicut in cælo, et in terra.
Panem nostrum cotidianum da nobis hodie;
et dimitte nobis debita nostra,
sicut et nos dimittimus debitoribus nostris;
et ne nos inducas in tentationem;
sed libera nos a malo.

Vidit suum dulcem Natum	*Sah ihn trostlos und verlassen*
morientem desolatum,	*an dem blut'gen Kreuz erblassen,*
cum emisit spiritum.	*ihren lieben, einz'gen Sohn.*

XIII

DREIZEHNTE STATION
Jesus wird vom Kreuz abgenommen und in den Schoß seiner Mutter gelegt

V. Adoramus te, Christe, et benedicimus tibi.
A. Quia per sanctam crucem tuam redemisti mundum.

Aus dem heiligen Evangelium nach Johannes. 19,26–27

Als Jesus seine Mutter sah und bei ihr den Jünger, den er liebte, sagte er zu seiner Mutter: „Frau, siehe, dein Sohn!" Dann sagte er zu dem Jünger: „Siehe, deine Mutter!"

BETRACHTUNG UND GEBET

Jesus, unser Herr, die dich lieben, bleiben bei dir und bewahren den Glauben. In der Stunde der Agonie und des Todes, wenn die Welt meint, dass das Böse triumphiert und die Stimme der Wahrheit und der Liebe, der Gerechtigkeit und des Friedens schweigt, lässt ihr Glaube nicht nach.

O Maria, in deine Hände legen wir unsere Erde. „Wie traurig ist es, dieses gesegnete Land in seinen Kindern leiden zu sehen, die sich voller Grimm gegenseitig zerreißen und sterben!"[24] Es scheint, als könne nichts das Böse, den Terrorismus, den Mord und den Hass beseitigen. „O Jungfrau, vor dem Kreuz, an dem dein Sohn zu unserem Heil seine unbefleckten Hände ausgestreckt hat, werfen wir uns an diesem Tag nieder: Gewähre uns den Frieden!"[25]

---

24 *Nachsynodales Apostolisches Schreiben Ecclesia in Oriente, 8*
25 *aus der byzantinischen Liturgie*

Beten wir für die Opfer der Kriege und der Gewalttaten, die in unserer Zeit verschiedene Länder des Nahen Ostens wie auch andere Teile der Welt verwüsten. Beten wir, dass die Evakuierten und die Heimatlosen so schnell wie möglich in ihre Häuser und ihr Land zurückkehren können. Gib, Herr, dass das Blut der unschuldigen Opfer der Same eines neuen Orients sei, in dem mehr Brüderlichkeit, mehr Friede und mehr Gerechtigkeit herrschen, und dass dieser Orient den Glanz seiner Berufung als Wiege der Kultur und der geistigen und menschlichen Werte wiedererlangt.

Du Morgenstern, sei uns ein Zeichen des Tagesanbruchs! Amen.

✠

Alle: Pater noster, qui es in cælis:
sanctificetur nomen tuum;
adveniat regnum tuum;
fiat voluntas tua, sicut in cælo, et in terra.
Panem nostrum cotidianum da nobis hodie;
et dimitte nobis debita nostra,
sicut et nos dimittimus debitoribus nostris;
et ne nos inducas in tentationem;
sed libera nos a malo.

Fac me tecum pie flere,
Crucifixo condolere,
donec ego vixero.

Lass mit dir mich herzlich weinen,
ganz mit Jesu Leid vereinen,
solang hier mein Leben währt.

XIV

VIERZEHNTE STATION
Jesus wird ins Grab gelegt

V. Adoramus te, Christe, et benedicimus tibi.
A. Quia per sanctam crucem tuam redemisti mundum.

Aus dem heiligen Evangelium nach Johannes. 19,39–40

Es kam auch Nikodemus, der früher einmal Jesus bei Nacht aufgesucht hatte. Er brachte eine Mischung aus Myrrhe und Aloe, etwa hundert Pfund. Sie nahmen den Leichnam Jesu und umwickelten ihn mit Leinenbinden, zusammen mit den wohlriechenden Salben, wie es beim jüdischen Begräbnis Sitte ist.

BETRACHTUNG UND GEBET

Nikodemus empfängt den Leichnam Christi, er nimmt sich seiner an und legt ihn in ein Grab mitten in einem Garten, der an den Garten der Schöpfung erinnert. Jesus lässt sich begraben, wie er sich hat kreuzigen lassen, in der gleichen Selbstentäußerung, ganz „übergeben" in die Hände der Menschen und „völlig eins" mit ihnen „bis in den Schlaf unter der Grabplatte".[26]

Um Schwierigkeiten, schmerzliche Ereignisse und den Tod anzunehmen, bedarf es einer festen Hoffnung, eines lebendigen Glaubens.

Der Stein, der vor den Eingang des Grabes gesetzt ist, wird weggewälzt werden, und es wird ein neues Leben erstehen. Denn „wir wurden mit ihm begraben durch die Taufe auf den Tod; und wie Christus durch die Herrlichkeit des Vaters von den Toten auferweckt wurde, so sollen auch wir als neue Menschen leben."[27]

---

26 *Gregor von Narek*
27 *Röm 6,4*

Wir haben die Freiheit der Kinder Gottes erhalten, um nicht in Sklaverei zurückzufallen; das Leben ist uns in Fülle geschenkt, damit wir uns nicht mehr mit einem Leben ohne Schönheit und ohne Sinn begnügen.

Jesus, unser Herr, mach uns zu Kindern des Lichtes, die die Finsternis nicht fürchten. Wir bitten dich heute für alle, die nach dem Sinn des Lebens suchen, und für diejenigen, die die Hoffnung verloren haben, dass sie an deinen Sieg über die Sünde und den Tod glauben. Amen.

✠

Alle: Pater noster, qui es in cælis:
sanctificetur nomen tuum;
adveniat regnum tuum;
fiat voluntas tua, sicut in cælo, et in terra.
Panem nostrum cotidianum da nobis hodie;
et dimitte nobis debita nostra,
sicut et nos dimittimus debitoribus nostris;
et ne nos inducas in tentationem;
sed libera nos a malo.

Quando corpus morietur,
fac, ut animæ donetur
paradisi gloria. Amen.

Jesus, wann mein Leib wird sterben,
lass dann meine Seele erben
deines Himmels Seligkeit! Amen.

ANSPRACHE UND SEGEN

Der Heilige Vater richtet das Wort an die Anwesenden.

Am Ende der Ansprache erteilt der Heilige Vater den Apostolischen Segen:

V.	Dominus vobiscum.	Der Herr sei mit euch.
A.	Et cum spiritu tuo.	Und mit deinem Geiste.
V.	Sit nomen Domini benedictum.	Der Name des Herrn sei gepriesen.
A.	Ex hoc nunc et usque in sæculum.	Von nun an bis in Ewigkeit.
V.	Adiutorium nostrum in nomine Domini.	Unsere Hilfe ist im Namen des Herrn.
A.	Qui fecit cælum et terram.	Der Himmel und Erde erschaffen hat.
V.	Benedicat vos omnipotens Deus, ✠ Pater, et ✠ Filius, et ✠ Spiritus Sanctus.	Es segne euch der allmächtige Gott: ✠ der Vater, ✠ der Sohn und ✠ der Heilige Geist.
A.	Amen.	Amen.

GESANG

Schola:

R. Crux fidelis, inter omnes arbor una nobilis,
nulla silva talem profert, fronde, flore, germine!
Dulce lignum dulces clavos dulce pondus sustinet!

1. Pange, lingua, gloriosi prœlium certaminis,
et super crucis tropæo dic triumphum nobilem,
qualiter Redemptor orbis immolatus vicerit. *R.*

2. De parentis protoplasti fraude factor condolens,
quando pomi noxialis morte morsu corruit,
ipse lignum tunc notavit, damna ligni ut solveret. *R.*

R. Treues Holz, vor allen Bäumen   einzig du an Ehren reich,
denn an Zweigen, Blüten, Früchten   ist im Wald kein Baum dir gleich.
Süßes Holz, o süße Nägel!   Süße Last beschweret euch.

1. Von dem lorbeerreichen Streite   töne meiner Stimme Klang.
Auf des Kreuzes Siegeszeichen   sing' sie den Triumphgesang,
wie der Weltheiland sich opfert   und als Lamm den Tod bezwang. *R.*

2. Trauernd ob des ersten Menschen   Überlistung, hatte Gott,
als der Biss des Sündenapfels   uns gestürzt in Todesnot,
schon den Baum gezeigt, der Sühnung   für des Baumes Schulden bot. *R.*

VERSÖHNUNG AM KREUZ

[Ich möchte] versuchen, wenigstens in großen Linien zu zeigen, wie die werdende Kirche unter der Führung des Heiligen Geistes langsam in die tiefere Wahrheit des Kreuzes hineingewandert ist, um sein Warum und sein Wozu zumindest von ferne zu begreifen. Erstaunlicherweise war eines von Anfang an klar: Mit dem Kreuz Christi waren die alten Tempelopfer endgültig überholt. Neues war geschehen.

Die Erwartung der prophetischen Kritik, die sich besonders auch in den Psalmen ausgedrückt hatte, war erfüllt: Gott wollte nicht durch die Opfer von Stieren und Böcken verherrlicht werden, deren Blut den Menschen nicht reinigen und nicht entsühnen kann. Der erwartete und doch bisher noch nicht definierte neue Kult war Wirklichkeit geworden. Im Kreuz Jesu war das geschehen, was in den Tieropfern vergeblich versucht worden war: Die Welt war entsühnt. Das „Lamm Gottes" hatte die Sünde der Welt auf sich genommen und weggetragen. Das durch die Schuld der Menschen gestörte Verhältnis Gottes zur Welt war erneuert. Versöhnung war geschehen.

So konnte Paulus das Ereignis Jesu Christi, seine neue Botschaft in den Worten zusammenfassen: „Gott hat in Christus den Kosmos mit sich versöhnt, indem er den Menschen nicht mehr ihre Schuld zurechnete und uns das Wort der Versöhnung gewährt hat. An Christi statt sprechen wir als seine Botschafter, und Gott ist es, der durch uns mahnt. An Christi statt bitten wir: Lasst euch mit Gott versöhnen!" (2 Kor 5,19f).

Vor allem aus den Paulus-Briefen wissen wir um die scharfen Gegensätze, die es in der werdenden Kirche über die Frage der Weitergeltung des mosaischen Gesetzes auch für Christen gegeben hat. Umso verwunderlicher ist es, dass – wie gesagt – über eines von Anfang an Einigkeit bestand: Die Tempelopfer – die kultische Mitte der Tora – hatten ausgedient. Christus war an ihre Stelle getreten. Der Tempel blieb ein ehrwürdiger Ort des Gebets und der Verkündigung. Seine Opfer jedoch galten für die Christen nicht mehr.

Aber wie sollte man das genauer verstehen? In der neutestamentlichen Literatur gibt es verschiedene Anläufe, um das Kreuz Christi als den neuen Kult, die wahre Sühne und die wahre Reinigung der verschmutzten Welt auszulegen.
Mehrfach sind wir schon zu sprechen gekommen auf den grundlegenden Text in Röm 3,25, in dem Paulus offensichtlich eine Überlieferung der frühesten judenchristlichen Gemeinde von Jerusalem aufgreift und den gekreuzigten Jesus als „Hilasterion" bezeichnet. Damit ist, wie wir sahen, der Deckel der Bundeslade gemeint, auf den am großen Versöhnungstag beim Versöhnungsopfer das Sühneblut gesprengt wurde. Sagen wir gleich, wie die Christen diesen archaischen Ritus nun verstanden: Nicht die Berührung von Tierblut mit einem heiligen Gerät versöhnt Gott und Mensch. In der Passion Jesu berührt der ganze Schmutz der Welt den unendlich Reinen, die Seele Jesu Christi und damit den Sohn Gottes selbst. Wenn sonst das Unreine durch Berührung das Reine ansteckt und verunreinigt, so ist es hier umgekehrt: Wo die Welt mit all ihrem Unrecht und ihren Grausamkeiten, die sie verunreinigen, in Berührung tritt mit dem unendlich Reinen – da ist er, der Reine, zugleich der Stärkere. In dieser Berührung wird wirklich der Schmutz der Welt aufgesogen, aufgehoben, umgewandelt im Schmerz der unendlichen Liebe. Weil im Menschen Jesus das unendlich Gute da ist, ist in der Weltgeschichte nun die Gegenkraft zu allem Bösen gegenwärtig und wirksam, ist immer das Gute unendlich größer als die ganze noch so schreckliche Masse des Bösen.
Wenn wir versuchen, dieser Einsicht nachzugehen, finden wir auch die Antwort auf einen Einwand, der sich immer wieder gegen den Sühnegedanken erhebt. Immer wieder wird gesagt: Ist es nicht ein grausamer Gott, der unendliche Sühne verlangt? Ist dies nicht eine Gottes unwürdige Vorstellung? Müssen wir nicht um der Reinheit des Gottesbildes willen auf den Sühnegedanken verzichten? In der Rede von Jesus als „Hilasterion" wird sichtbar, dass die reale Vergebung, die vom Kreuz her geschieht, sich genau umgekehrt vollzieht. Die Realität des Bösen, des Unrechts, das die Welt entstellt und zugleich das Bild Gottes verschmutzt – diese Realität ist da, durch unsere Schuld. Sie kann nicht einfach igno-

riert, sie muss aufgearbeitet werden. Nun wird aber nicht etwa durch einen grausamen Gott Unendliches verlangt. Es ist genau umgekehrt: Gott selbst richtet sich als Ort der Versöhnung auf und nimmt das Leid in seinem Sohn auf sich. Gott selbst schenkt seine unendliche Reinheit in die Welt hinein. Gott selbst „trinkt den Kelch" alles Schrecklichen aus und stellt so das Recht wieder her durch die Größe seiner Liebe, die im Leid das Dunkle verwandelt.

Joseph Ratzinger / Benedikt XVI.

Aus: Jesus von Nazareth. Zweiter Teil: Vom Einzug in Jerusalem bis zur Auferstehung, Freiburg – Basel – Wien 2011, S. 254–256